Schulgeschichten

Liebe Eltern,

dieses Buch der Reihe „Schritt für Schritt – Ich lerne lesen!" begleitet Ihr Kind in der 1. Klasse vom Leseanfänger bis zum Leseprofi. Die spannenden und lustigen Geschichten werden Schritt für Schritt anspruchsvoller. Der Schwierigkeitsgrad erhöht sich also im gleichen Maß wie das Lesevermögen Ihres Kindes. Damit ist ein langer Lesespaß garantiert.

Schritt für Schritt Ich lerne lesen!

Schulgeschichten

Arena

1. Auflage 2019
© Arena Verlag GmbH 2019,
Rottendorfer Straße 16, 97074 Würzburg
Alle Rechte vorbehalten
Einbandillustration: Betina Gotzen-Beek
Gesamtherstellung: Westermann Druck Zwickau GmbH
ISBN 978-3-401-71608-4

www.arena-verlag.de

Inhaltsverzeichnis

Schritt 1:
Lesestart mit Bildergeschichten

Liebe Eltern,

Ihr Kind hat erfolgreich alle Buchstaben gelernt. Damit
ist es nun bereit, die Welt der Bücher zu erobern.
Die folgende Geschichte ist dafür ideal, dank den
besonders übersichtlichen Leseeinheiten und kurzen
Zeilen. Zusätzlich erleichtern Bildergeschichten das
Textverständnis. Lustige Buchstaben- und Leserätsel
regen zum Nachdenken und zum Gespräch über die
Geschichte an.

Julia Boehme

Viel Wirbel im Klassenzimmer

Mit Buchstaben- und Leserätseln

Bilder von Franziska Harvey

In dieser Geschichte spielen mit:

Moritz

das Muffelmonster

die Klasse 1b

die Eltern von Moritz

Schwierige Wörter im Text:

der Ranzen

das Klassenzimmer

die Schultüte

die Monstertüte

Moritz schläft.
Alles ist still.
Doch dann …

… weckt ihn
ein Monster!
Das Muffelmonster!

15

17

„Ich habe super Laune!",
ruft Moritz.

„Ich komme heute
in die Schule."

18

Moritz lacht.
„Nein!
Das geht nicht!
Du bleibst hier!"

ROOAARR!

„Von wegen!",
knurrt das Muffelmonster.
Denn es hat
eine tolle Idee.

21

„Na, freust du dich?",
fragt Mama.
„Und wie!", sagt Moritz.

Das Muffelmonster

freut sich auch.

Komisch!
Im Ranzen
rumpelt es!

Aber Moritz ist
so aufgeregt.
Er merkt
es gar nicht.

In der Schule
sind schon viele Kinder
mit ihren Eltern.

27

28

Zum Glück
hat keiner
das Monster gesehen!

29

Dann gehen alle
ins neue Klassenzimmer.

„Ihr dürft jetzt
ein Bild malen.
Ich male an der Tafel",
sagt der Lehrer.

„Hör auf!",
wispert Moritz.
Er versucht,
das Muffelmonster zu fangen.

Aber Pustekuchen!
Es lässt sich nicht erwischen.

„Ab in den Ranzen!",
flüstert Moritz.
Aber das Monster
denkt nicht daran.

34

Schön, dass es euch in der Schule gefällt!

Dann ist die Schule aus.
Zum Glück
hat der Lehrer
nichts gemerkt!

Moritz lacht.
„Zu Hause habe ich
was für dich!"

„Und? War's schön?",
fragen Mama und Papa.
„Ja!", meint Moritz.
Mehr sagt er nicht.

Zu Hause hat Moritz
etwas Wichtiges vor.

„Das ist für dich!",
sagt Moritz.
Das Monster strahlt.
„Grässlichen Dank!"

der Stift

die Zahnbürste

die Zitrone

die sauren Gurken

die Schuhcreme

die Socke

Morgen will ich wieder so eine Tüte!

Schultüten gibt es nur zum ersten Schultag!

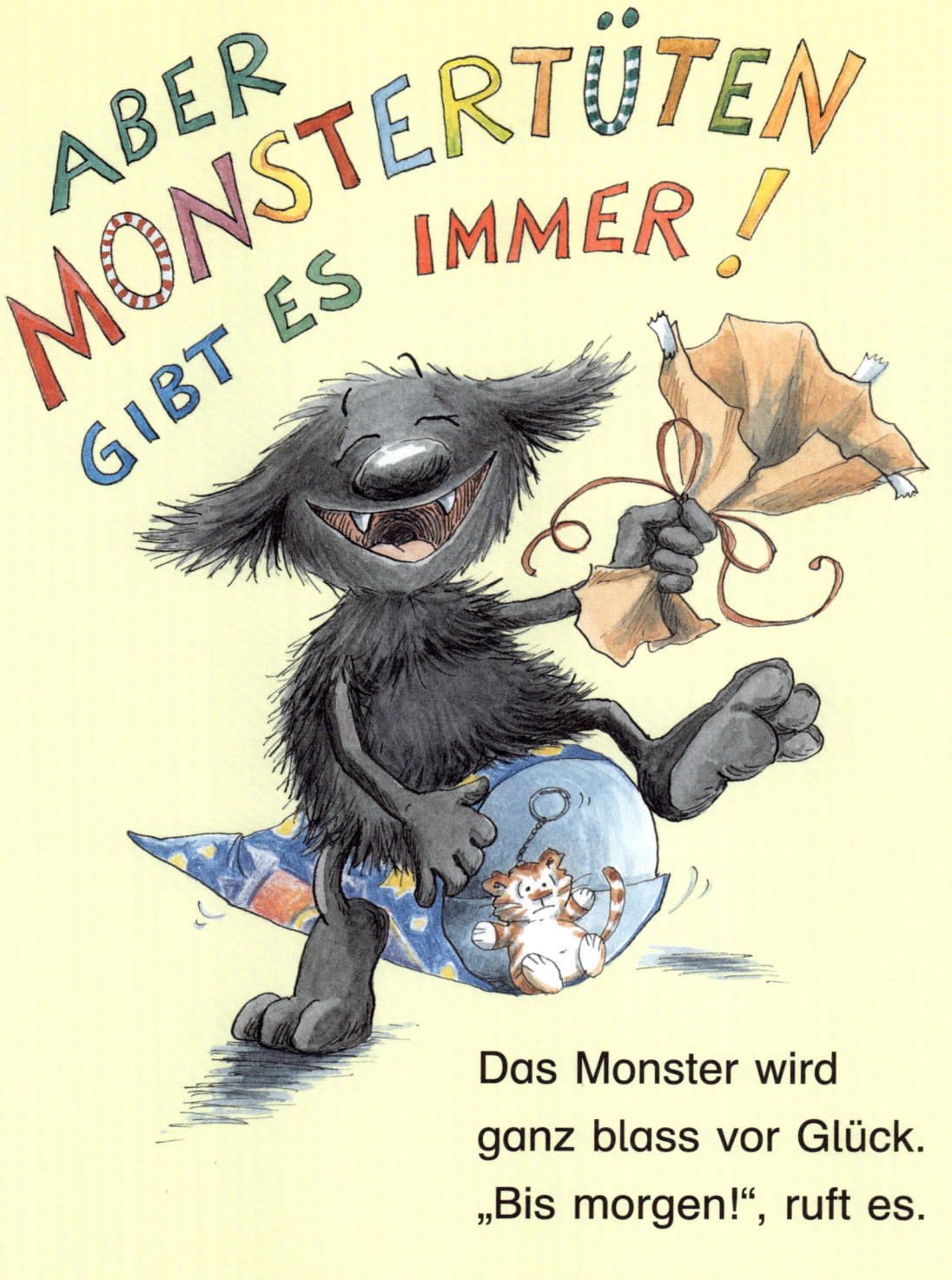

ABER MONSTERTÜTEN GIBT ES IMMER!

Das Monster wird
ganz blass vor Glück.
„Bis morgen!", ruft es.

„Bis morgen!", sagt Moritz.
Aber das Monster
ist schon verschwunden.

Buchstaben- und Leserätsel

Finde den richtigen Reim!

Ein Monster ist nicht gern allein.

Lieber will's bei Moritz _____.

(sein / wohnen)

Im Ranzen hat es sich versteckt,

damit niemand es _____.

(besucht / entdeckt)

Was mag das Muffelmonster?

Die Reime verraten es dir.

Tintenpatronen – saure Z_____

kaputte Hosen – rostige D_____

struppige Locken – stinkende S_____

Was schreibt das Muffelmonster?

Die Anfangsbuchstaben verraten es dir.

__ __ __ __ __ , __ __ __ __ __ __ !

Silbenrätsel

Was passt noch in die Monstertüte?
Ordne die Silben, dann weißt du es.

soh   Schuh   le

te   Klo   bürs

Die Lösungen findest du
auf der übernächsten Seite.

Erzähl mal!

Stell dir vor,
du bist selbst
ein kleines Monster.
Welche Streiche
würdest du spielen?

Lösungen

So heißt es richtig:

Ein Monster ist nicht gern allein.
Lieber will's bei Moritz sein.

Im Ranzen hat es sich versteckt,
damit niemand es entdeckt.

Das Muffelmonster mag:

saure Zitronen, rostige Dosen
und stinkende Socken.

Das Muffelmonster schreibt: Danke, Moritz!

D A N K E ,   M O R I T Z !

Das passt auch in die Monstertüte:

eine Schuh-soh-le und eine Klo-bürs-te.

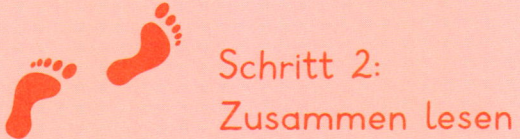

Schritt 2:
Zusammen lesen

Liebe Eltern,

kurze Texte bewältigt Ihr Kind schon allein. Längere Erzählungen aber sind noch eine Herausforderung. Darum sind die folgenden Geschichten in Abschnitte aufgeteilt. Die kürzeren kann Ihr Kind selbst lesen, die längeren können von einem versierten Leser vorgelesen werden. Gemeinsames Lesen macht mehr Spaß und spornt Ihr Kind dazu an, bald selbst die schwierigen Passagen lesen zu wollen.

Diese Zeichen oben auf den Seiten helfen beim Vorlesen:

Erfahrene Vorleser

Kind liest selbst

Christina Koenig

Hanna, Tim und ein Ritter im Schulgarten

Mit Leserätseln und Suchbild

Bilder von Christian Zimmer

Arena

Umzug ohne Tim?

In diesen Sommerferien soll für Hanna und Tim alles anders werden. Alles! Ihre Eltern wollen umziehen, aus ihrem kleinen Dorf in die Stadt. Aber Tim will nicht mit. Was soll er in der Stadt? Da kennt er sich doch gar nicht aus. Außerdem müsste er dann zurücklassen, was er gernhat: seine Freunde, die Kaninchen vom Nachbarn, den Angelclub, die ganzen Geheimverstecke und ihr Baumhaus im Wald ...

Für Tim steht fest: Er bleibt. Sollen die anderen doch ohne ihn umziehen.

Hanna, Tims Schwester, weiß nicht so recht. Mal ist sie felsenfest entschlossen, bei Tim zu bleiben, damit sich nichts ändert. Dann hat Hanna plötzlich wieder Lust auf das Neue in der Stadt: Einen Abenteuerspielplatz gibt es dort, ein Puppentheater, sogar eine Ballettschule und ein Hallenbad. Außerdem würde sie ihre Eltern ganz schrecklich vermissen, wenn sie mit Tim allein im Dorf bliebe. Bestimmt schon am ersten Tag. Aber in die Stadt ziehen, ganz ohne Tim? Das geht auch nicht. Tim muss einfach mit. Hanna klopft an Tims Zimmertür.

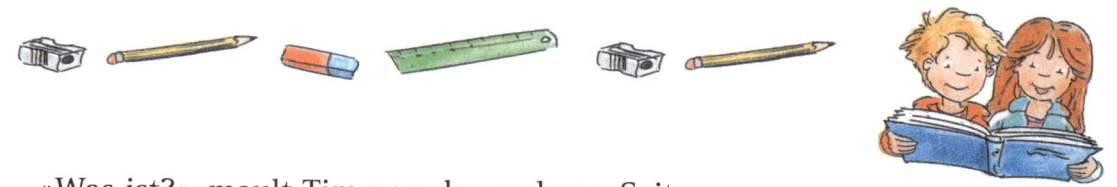

»Was ist?«, mault Tim von der anderen Seite.

»Ich habe eine Geschichte für dich«, verkündet Hanna, in der Hand ein Blatt Papier. Sie öffnet die Tür und schlüpft zu Tim ins Zimmer.

»Du und deine komischen Geschichten«, nörgelt Tim und verdreht die Augen.

»Die ist aber jetzt wichtig«, beharrt Hanna. »Hör mal zu.«

„Unsere neue Schule

in der Stadt

ist sehr schön",

liest Hanna.

„Die Wände sind

mit lauter Blumen bemalt.

Und in der Pause

verteilen die Lehrer

Schokolade.

Ein Geiger spielt

auf dem Schulhof

immer Geige.

Er hat eine Perücke auf,

mit langen weißen Locken.

Drinnen ist die Schule

wie ein richtiges Schloss.

Die Mädchen sehen aus

wie Prinzessinnen.

Und die Jungen haben

goldene Hosen an."

»In so eine blöde Schule will ich nicht«, blafft Tim und ver-
schränkt die Arme vor der Brust.

Aber Hanna ist noch nicht fertig. »Einer der Jungen heißt
Tim«, liest sie weiter. »Er ist der stärkste von allen. Das weiß
aber keiner, weil er es noch nie jemandem gezeigt hat. Als die
Kinder in die Klasse kommen, steht plötzlich ein gefährlicher
Bär da. Der will die Kinder fressen. Die Lehrerin schreit wie
verrückt, und alle Kinder rennen weg. Nur Tim bleibt stehen.
Er gibt dem Bären einen Kinnhaken, und der Bär fliegt aus
dem Fenster auf den Schulhof runter. Er verheddert sich in
der Perücke vom Geigenspieler. Dann haut er ab, mit der Perücke auf dem Kopf. Alle lachen sich kaputt, und der Bär kommt
nie wieder.«

»Na toll«, mault Tim gelangweilt. »Und was soll das Ganze?
Von mir aus kann der Bär die Kinder ruhig fressen. Die kenne
ich doch gar nicht.«

📖 Warum will Tim nicht in die Stadt ziehen?

Alles neu!

Die letzten Tage im Dorf vergehen wie im Flug, und als die Ferien halb vorbei sind, ist der Umzug schon fast geschafft. »Nur weil ich so viel geholfen habe«, verkündet Tim stolz. Er wollte dann doch nicht alleine zurückbleiben und mag sein neues Kinderzimmer sogar lieber als das alte. Der Baum im Hinterhof hat zwar kein Baumhaus, aber dafür zwei Vogelhäuschen, in denen Spatzen nisten. Auch die Eisdiele eine Straße weiter ist nicht übel, und im Park wohnt eine Schwanenfamilie.

»Nächstes Jahr dürft ihr mit dem Fahrrad zur Schule fahren«, verkünden die Eltern beim Abendbrot. »Aber erst einmal nehmt ihr den Bus.«

Die neue Schule ist überhaupt kein Schloss, sondern eine ganz normale Schule, das erkennt Tim sofort. Keine einzige Prinzessin taucht auf und auch keine goldenen Hosen. Ein Glück! Dafür wachsen überall Blumen, genau wie Hanna es sich gewünscht hat. Vor der Schule, neben der Schule und sogar in der Schule gibt es welche.

»Guten Morgen, guten Morgen«, grüßt Hanna jede einzelne Blüte, als wären es alte Bekannte. Tim wundert sich schon gar nicht mehr.

Zusammen mit den Eltern

betritt Hanna ihre neue Klasse.

Tim geht ohne sie weiter

in den ersten Stock.

Sonst denken

die anderen Jungs noch,

er traut sich nicht alleine.

Nun steht er mit Herzklopfen

vorne an der Tafel.

Frau Nestor stellt Tim

den anderen Kindern vor.

Ein paar

machen doofe Bemerkungen,

und Tim wird rot.

»Magst du uns erzählen, was für Hobbys du hast?«, fragt Frau Nestor freundlich.

»Fahrradfahren, Angeln und Computer«, rattert Tim herunter.

Frau Nestor schreibt es an die Tafel und bekommt dabei gar nicht mit, was hinter ihrem Rücken vor sich geht. In der letzten Reihe machen drei Jungs wilde Faxen. Sogar Papierflieger lassen sie durch den Raum sausen. Die trauen sich ja was, staunt Tim. Vor allem der größte von ihnen, der mit dem neongelben T-Shirt.

»Würdest du bitte dein Flugzeuggeschwader zurückbeordern, Derek«, sagt Frau Nestor streng, als ein Flieger knapp an ihrem Kopf vorbeisaust. »Sonst landet es samt Piloten im Papierkorb.«

»Sind gar keine Piloten drin«, antwortet Derek schlagfertig. »Die sind ferngesteuert.«

📖 Welche Hobbys hat Tim?

Freunde?

Hanna findet ihre neue Klasse ganz gemütlich. Sie liegt im Erdgeschoss rechts hinten im Gang. Wenn man hinausschaut, sieht man auf den Schulgarten. Deshalb entscheidet sich Hanna für einen freien Platz am Fenster. Von dort kann sie die zauberhaften Cosmeen bewundern, ihre Lieblingsblumen.

Etwas scheu lässt Hanna den Blick durch die Klasse schweifen. Überall sind selbst gemalte Bilder aufgehängt, und die Kinder sehen Hanna mit neugierigen Augen an. Das Mädchen rechts neben Hanna lächelt. »Ich heiße Lilly«, sagt es und dreht eine seiner Locken um den Zeigefinger.

»Komm doch bitte mal zu mir nach vorne, Hanna«, bittet Frau Jonas, Hannas neue Lehrerin. »Ich möchte dich gerne den anderen Kindern vorstellen.« Hanna traut sich jedoch nicht und darf deshalb sitzen bleiben.

In der Pause bekommt Hanna von Lilly gezeigt, wo alles ist. Der Schulhof ist riesengroß, und Hanna dreht sich neugierig um. Wo Tim nur steckt? Da entdeckt sie ihn auf der Bank hinter den Tischtennisplatten. Ganz alleine.

„Na, wie war's?",
will Hanna wissen
und rutscht neben Tim
auf die Bank.
Da kichert jemand
direkt hinter ihnen.
„Hanna ist verknallt!
Knutscht herum im Wald!"

Schnell wie der Blitz
drehen die Geschwister
sich um.
Zwei Mädchen
aus Hannas Klasse
laufen kreischend davon.
Es sind Annedore
und ihre Freundin.
Auch Lilly muss lachen.

Als Nächstes ärgern die Mädchen einen Jungen, der ein Gipsbein hat und humpelt. »Deutschland sucht den Humpel-Star«, trompetet Annedore los.

»Gemein«, findet Hanna.

»Pudding im Gehirn«, findet Tim.

In der zweiten großen Pause schlendert Tim am Fahrradständer vorbei, wo Derek, Xaver und Henning, die Papierfliegerbauer aus seiner Klasse, über ihre Cross-Fahrräder fachsimpeln. Sie haben sie neongelb angestrichen und blitzblank geputzt. Auch sonst sind sie super in Schuss, das sieht Tim sofort.

»Gelbe Sturzhelme haben wir natürlich auch«, erklärt Derek stolz, als er Tims neugierige Blicke sieht. »Daran erkennt man uns in der ganzen Stadt.«

Ach, deshalb werden die drei »die Neons« genannt, denkt Tim und tritt mutig ein paar Schritte näher. Als er den Jungs eine gemeinsame Radtour vorschlagen will, haben sie jedoch plötzlich Besseres zu tun und lassen Tim stehen, als wäre er Luft.

📖 Warum werden Derek, Xaver und Henning »die Neons« genannt?

Ausflug mit Überraschungen

Vier Tage danach unternehmen Hannas und Tims Klasse gemeinsam einen Klassenausflug. Die Lehrerinnen haben sich abgesprochen und ein großes Geheimnis daraus gemacht. Nun staunen Tim und Hanna nicht schlecht, als sie genau in die Straße einbiegen, wo ihre Eltern einen Schlüssel- und Schuhreparatur-Laden aufgemacht haben. »Schuhe und Schlüssel braucht man immer«, hatte der Vater gesagt. Als sie noch im Dorf wohnten, waren die Eltern ziemlich lange arbeitslos. Darum sind sie auch umgezogen.

Als die Kinder nun plaudernd und lachend in den Laden drängen, werden sie mit Limonade und Keksen empfangen. Die Eltern wussten also schon Bescheid und haben Hanna und Tim kein Sterbenswörtchen verraten! Sie zwinkern ihren Kindern verschmitzt zu. Die sind ziemlich verlegen, weil ihre Familie plötzlich so im Mittelpunkt steht.

„Wir danken Ihnen herzlich,

dass wir heute

Ihr Geschäft stürmen dürfen",

sagt Frau Nestor fröhlich.

„Das ist doch viel besser,

als Berufe immer nur

aus Büchern kennenzulernen."

„Es ist uns eine Ehre",

sagt Tims Mama feierlich.

„Außerdem kommen Sie

gerade noch rechtzeitig.

Denn Sie brauchen dringend

neue Absätze,

Frau Nestor."

Frau Nestor schmunzelt und reicht bereitwillig ihre Schuhe über den Ladentisch. Schritt für Schritt zeigt Tims Mama nun, wie schief gelaufene Absätze wieder gerade gemacht werden. Sogar Annedore aus Annas Klasse und die Neons sehen gespannt zu, ohne Mist zu machen. Als die Absätze wieder wie neu sind, ist Tims Papa dran. Er will vorführen, wie ein Schlüsselrohling so zugeschliffen wird, dass er in ein Türschloss passt.

»Das trifft sich ja gut!«, freut sich Frau Jonas. »Ich brauche dringend einen Zweitschlüssel für meine Wohnung, weil meine Schwester zu Besuch kommt.«

»Ich brauche auch einen Zweitschlüssel!«, ruft Derek dazwischen und wirft seinen Wohnungsschlüssel in die Luft. »Meine Tante aus Amerika kommt zu Besuch!«

Beide haben Glück. Denn beiden fertigt Tims Papa zwei nagelneue Schlüssel an.

📖 Was unternehmen die Kinder auf ihrem Schulausflug?

Zwei Streithähne

Nach etwa einer Stunde verabschieden sich die Kinder. Es war sehr interessant, und der Applaus ist entsprechend begeistert. Aber der Überraschungsschulausflug ist noch längst nicht zu Ende. Mit den Lehrerinnen an der Spitze geht es in die nächste Eisdiele. Und weil Frau Nestor und Frau Jonas sich wegen der neuen Absätze und des neuen Schlüssels so gefreut haben, spendieren sie großzügig Eis für alle.

»Hey, nicht so drängeln«, meckert Annedore, als Derek sich an ihr vorbeischieben will. »Und wie heißt deine Tante aus Amerika eigentlich? Die gibt es doch gar nicht.«

»Das geht dich überhaupt nichts an«, blafft Derek zurück und fährt seine Ellenbogen nun erst recht aus.

»Derek hat sich vorgedrängelt«, petzt Annedore.

Aber niemand achtet weiter darauf. Denn niemand will sich den schönen Tag verderben lassen. Als Annedore an der Reihe ist, hält sie den ganzen Laden auf, weil sie sich einfach nicht entscheiden kann.

„Schoko oder Zitrone?",

murmelt sie vor sich hin.

Ihre Augen wandern

von rechts nach links.

„Oder doch lieber Vanille?

Nuss ist auch nicht schlecht.

Oh, die haben ja Minze!

Oder besser doch Banane…"

„Bis die sich entschieden hat,

ist das Eis vergammelt",

brüllt Derek von hinten.

„Frau Nestor,

weil Annedore so lahm ist,

wird das ganze Eis schlecht!"

Am Schluss stehen alle zufrieden an der Bushaltestelle und schlecken ihr Eis. Tim fasst sich ein Herz und schlendert zu den Neons. »Wir könnten doch mal eine Radtour machen«, schlägt er vor. »Ich habe ein Spitzenfahrrad zu Hause.«

Der kleinste der Neons mustert Tim ungläubig. »Und warum fährst du dann mit dem Bus zur Schule? Hast wohl Schiss mit dem Rad.«

»Einfach so 'ne Radtour, das geht gar nicht«, stellt Derek klar. »Du musst dich schon an die Regeln halten.«

»Regeln?«, fragt Tim. »Die Verkehrsregeln kenne ich.«

»Verkehrsregeln«, schnauft Derek. »Wer bei uns mitmachen will, muss Miete zahlen für unseren Treffpunkt. Danach gibt's die Mutprobe und dann einen Geheimschwur.«

Ein paar Meter weiter ist auch Annedore in Hochform. Diesmal ärgert sie Lilly, weil die sich mit Eis bekleckert hat. »Jetzt lass Lilly doch endlich in Ruhe!«, geht Hanna dazwischen. Aber Annedore denkt gar nicht daran.

📖 Was verlangen die Neons von Tim, damit er mit ihnen eine Radtour machen darf?

Die Gartengruppe

Am nächsten Morgen gibt es eine Überraschung an der Tafel in Hannas Klasse. Jemand hat eine kleine Geschichte daraufgeschrieben. Die Kinder lesen und halten verdutzt die Luft an.

»Es war einmal ein Mädchen, das war von einer giftigen Blume gestochen worden. Das Gift blieb in ihr drin, und sie wurde selbst ganz giftig und hat jeden geärgert. Nur eine Wunderblume konnte das Mädchen noch retten. Und alle Leute suchten überall nach der Blume, damit das Mädchen zurückverwandelt werden konnte.«

Es ist ganz still in der Klasse, und die Kinder schielen verstohlen zu Annedore. Die ist wohl auch von so einer giftigen Blume gestochen worden, denken einige. Aber Annedore scheint das anders zu sehen und kichert herum. »Doofe Geschichte. Da ist ja ›Hänsel und Gretel‹ noch besser«, macht sie sich lustig. Frau Jonas scheint die Geschichte ganz gut zu gefallen. Jedenfalls lässt sie sie die ganze Stunde über an der Tafel stehen. Kurz vor der Pause sagt sie: »Als Hausaufgabe überlegt ihr euch bitte einen Schluss für die Geschichte mit dem vergifteten Mädchen. Ich wünsche mir auf jeden Fall ein glückliches Ende.«

Nach der Pause

gehen Hanna und Lilly

in den Schulgarten.

Sie haben sich für die

Gartengruppe angemeldet.

Annedore ist auch dabei.

„Früher war ich immer
für Radieschen, Salat
und Bohnen zuständig",
erzählt Hanna den Kindern.
„Aber hier haben wir leider
keinen Garten mehr.
Kennt ihr eigentlich
Spinat aus Brennnesseln?"
Lilly verzieht das Gesicht.

»Der ist wirklich lecker«, beteuert Hanna, »und kostet überhaupt nichts.«

Aber Lilly lässt sich nicht überzeugen. »Nein danke. Ich will mir doch nicht den Mund verbrennen!«

Dann gehen alle an die Arbeit: Schnecken sammeln, Wildkräuter jäten und Wasser schleppen. Hanna ist erstaunt, wie gut Annedore sich mit Pflanzen auskennt. Wie ein Profi unterscheidet sie Wildkräuter von Nutzpflanzen, obwohl die oft zum Verwechseln ähnlich sind. Und die klebrigen Nacktschnecken fasst sie ohne Handschuhe an! Sogar über Regenwürmer weiß sie Bescheid. »Das hab ich von meiner Oma gelernt«, sagt Annedore stolz. »Meine Oma weiß alles.«

Am Schluss ist der Maschendrahtzaun an der Reihe. »Sieht aus, als ob den jemand runtergetreten hat«, grübelt Willi. »Hier vorne fehlen auch Radieschen. Ich bin ganz sicher, dass die letztes Mal noch da waren.«

»Diebe?«, fragt Annedore alarmiert.

📖 Über wen staunt Hanna in der Gartengruppe am meisten?

Krach auf dem Schulhof

Am nächsten Tag knallt es auf dem Schulhof. Annedore und Derek geraten wieder einmal aneinander. Diesmal aber richtig! Tim und die Neons quatschen gerade ein bisschen vor der Cafeteria, da kommt Annedore angerannt, dreht sich im Laufen um und prallt mit voller Wucht gegen Derek. Derek hat sich gerade einen doppelten Veggie-Burger mit viel Ketchup gekauft, der nun in hohem Bogen durch die Luft segelt und auf den Boden klatscht. Hanna und Lilly halten erschrocken die Luft an.

»Das hast du extra gemacht! Das wirst du mir büßen!«, brüllt Derek los, fest davon überzeugt, dass Annedore ihm eins auswischen wollte, was natürlich Quatsch ist. »Und ihr braucht gar nicht so zu glotzen«, schnauzt er Hanna und Lilly an. »Oder war das etwa eure Idee?« Dann sammelt er seinen Burger auf und isst ihn einfach weiter. Die sprachlosen Mädchen beachtet er gar nicht mehr. Er schaut sogar extra weg.

»Der wird sich schon wieder einkriegen«, sagt Annedore zu Hanna und Lilly und wischt einen Ketchupfleck von ihrer Hose. Hanna hat einen dicken Kloß im Hals und ist sich da nicht so sicher.

Annedore hat den Schreck
schnell verdaut.
„Wie geht eigentlich
dein Brennnessel-Spinat?",
will sie von Hanna wissen.
Sogar Lilly spitzt jetzt
neugierig die Ohren.

Annedore kann ja
richtig nett sein,
freut sich Hanna.
Ob ihre Geschichte
von der Giftblume
Annedore nachdenklich
gemacht hat?

Oder die vielen Ideen,

mit denen die Kinder

das vergiftete Mädchen

am Ende gerettet haben?

Am Wochenende pirschen die Mädchen gemeinsam mit Hannas Mutter durch einen verwahrlosten Winkel der Schrebergartenkolonie und schneiden kräftige junge Brennnesselpflanzen ab.

Tim wollte nicht mit. Wohl weil er Annedore nicht mag, vermutet Hanna. Gleich nach dem Frühstück hat er sich sein Fahrrad geschnappt und ist losgesaust, ohne jemandem zu sagen, wohin. Als er zum Mittagessen wieder auftaucht, stochert er lustlos in dem köstlichen Wildspinat herum.

Lilly und Annedore langen umso kräftiger zu. Annedore möchte sogar zweimal Nachschlag. »Indianerspinat mach ich auch mal«, nuschelt sie kauend. »Da wird meine Oma aber staunen.«

»Du kannst später ein Restaurant aufmachen, Hanna«, schwärmt Lilly mit grünen Zähnen. »Mit Suppe, Spinat und Pudding, alles aus Brennnesseln.«

»Igitt!« Hanna schüttelt sich. »Pudding aus Brennnesseln! Das ist ja voll eklig!«

📖 Warum fliegt Dereks Burger durch die Luft?

Elefanten im Schulgarten

Montagmorgen verbreitet sich die schreckliche Neuigkeit wie im Flug: Der Schulgarten ist verwüstet worden – platt getrampelt wie von einer Herde Elefanten. Lediglich die Blumen wurden verschont. Die Gartengruppe und viele andere Kinder versammeln sich erschüttert am Zaun. Lilly fängt glatt an zu heulen, und sogar Annedore ist sprachlos. Wer hat nur ihren schönen Garten zerstört?

»Das war Derek«, zischt Annedore. »Wetten, dass es Derek war? Am besten, wir erzählen es gleich Frau Jonas.«

Frau Jonas hört aufmerksam zu, was die Mädchen ihr zu sagen haben. Nur leider haben sie keine Beweise für ihre Behauptung. »Und ohne Beweise darf niemand beschuldigt werden«, erklärt Frau Jonas. »Ohne Beweise sind es nur Vermutungen.« Das sehen Annedore, Hanna und Lilly schließlich ein, obwohl sie sich ihrer Sache ziemlich sicher sind.

Beim Abendbrot erzählt Hanna den Eltern vom zertrampelten Schulgarten. »Das waren die Neons, aus Rache, wegen dem Burger«, ereifert sie sich.

Tim hockt da, als hätte er einen Stock verschluckt.

„Was hältst du denn
von diesen Neons?",
erkundigt sich der Vater
bei Tim.
„Kennst du die?"
Tim zuckt mit den Schultern.

Er tut so, als ginge ihn

das alles nichts an!

„Natürlich kennst du die",

braust Hanna auf.

„Das sind doch

deine neuen Freunde!"

Hanna starrt Tim ungläubig an. Was nur los ist mit ihm? Gestern durfte sie nicht einmal in sein Zimmer kommen! Und als sie beim Frühstück was von ihm wissen wollte, fing er gleich an zu meckern. Hanna weiß überhaupt nicht mehr, wie sie sich Tim gegenüber verhalten soll.

Als Hanna später in ihrem Bett liegt, schaltet sie die glitzernde Discokugel an der Zimmerdecke an. Das hilft, wenn sie traurig ist.

Es waren einmal tausend Blumenelfen, denkt Hanna. Die wohnten in einem Zaubergarten. Da kam der Bär mit der Perücke angerannt. Wegen der Perücke konnte er nicht mehr richtig sehen und trampelte überall alles kaputt. Auch den Zaun, die Möhren und die Radieschen vom Zaubergarten. Dabei hatten sich die Blumenelfen solche Mühe damit gegeben. Da befahl die Elfenkönigin, den Bären zu fangen und ihm die Perücke vom Kopf zu reißen. Damit er wieder sehen konnte und nichts mehr kaputt machte.

📖 Was erzählen Hanna, Annedore und Lilly ihrer Lehrerin?

Tims Geheimnis

Heute wollen Hanna und Tim nach den Hausaufgaben in die Eisdiele gehen. Ihre Eltern haben Eisgeld spendiert. Als Hanna zufällig durch das Küchenfenster schaut, sieht sie jedoch, wie Tim im Fahrradschuppen verschwindet. Schon wieder will er sich heimlich aus dem Staub machen!

Schnell wie der Blitz flitzt Hanna die Treppe hinunter und wartet so lange an der Hinterhoftür, bis Tim mit seinem Fahrrad den Hof verlassen hat. Dann rennt sie zum Schuppen, holt ihr eigenes Rad und fährt ihm nach. Dabei muss sie ganz schön strampeln, um Tim nicht aus den Augen zu verlieren.

Zehn Minuten später saust Tim über den Parkplatz vom Supermarkt. Dann ist er plötzlich wie vom Erdboden verschluckt. Nach drei ratlosen Runden entdeckt Hanna sein Fahrrad und die Räder der Neons vor einem windschiefen Verschlag in der Nähe der Glascontainer. Hanna parkt ihr Rad vor dem Supermarkt und huscht hinter den Schuppen.

»Das wird diesen blöden Ziegen eine Lehre sein«, hört sie Dereks Stimme hinter der Bretterwand. »Deine Mutprobe hast du schon mal bestanden, Tim.«

Mutprobe?

Was für eine Mutprobe?

Wovon spricht Derek da?

Ob Tim etwa den Schulgarten …?

Hanna wird heiß und kalt

zugleich.

„Morgen ist dein Schwur dran",

erklärt Derek.

„Und vergiss die Miete nicht.

Zwei Euro fehlen noch."

Hanna schluckt. Miete?

Tim hat doch zu Hause

ein Zimmer.

Auf einmal gibt es einen dumpfen Knall. Hanna erschrickt und geht in die Hocke. Auch die Neons im Schuppen sind schlagartig still.

»Los, seht mal, ob draußen Spione sind«, befiehlt Derek wachsam.

Hanna macht sich so klein sie kann. Wegrennen geht jetzt gar nicht, das wäre zu gefährlich.

»Alles klar draußen«, meldet einer der Neons zurück. »War bloß ein blöder Apfel, der aufs Dach gefallen ist.«

Zum Glück hat er nicht hinter den Schuppen geschaut. Als Hanna vorsichtig um die Ecke linst, versuchen sich zwei Neons gerade auf den Apfelbaum zu hangeln, der schräg am Schuppendach lehnt. Das ist Hannas Chance! Flink schlüpft sie zwischen die Glascontainer und bringt sich schleunigst in Sicherheit.

📖 Wo trifft sich Tim mit den Neons?

Der neongelbe König

Als Tim am späten Nachmittag in sein Zimmer schleicht, liegen zwei Bögen Papier innen vor seiner Zimmertür, mit Hannas Handschrift darauf. Im ersten Moment will er alles zusammenknüllen und in den Papierkorb pfeffern. Aber dann hält er inne und liest:

»Es war einmal ein gelber König. Der war sehr garstig und wollte immer alles bestimmen. Einmal hat er einen Aufruf gemacht: ›Wer den blauen König tötet, darf meine Tochter heiraten.‹ Der gelbe König wollte das blaue Königreich nämlich auch noch haben.

Ein fremder Ritter kam und tötete den blauen König. Aber die Prinzessin wollte den Ritter nicht heiraten, weil er ein Mörder war.

Da machte der gelbe König noch einen Aufruf: ›Wer den roten König tötet, darf meine Tochter heiraten.‹ Da kam ein anderer Ritter und tötete den roten König. Aber die Prinzessin wollte wieder nicht heiraten, weil sie keinen Mörder wollte.

Der gelbe König machte noch einen Aufruf: ›Wer den grünen König tötet, darf meine Tochter heiraten.‹ Der dritte Ritter ließ den grünen König aber leben, weil er niemanden töten wollte.«

„Da wurde der gelbe König
stinkwütend.
Er brüllte:
‚Verschwinde, du Feigling,
du kriegst meine Tochter nicht!‘
Aber die Prinzessin rief: ‚Doch!‘

Denn sie hatte sich

in den Ritter verliebt.

Der dritte Ritter

war der mutigste von allen.

Denn nur er hat sich getraut,

dem bösen König

nicht zu gehorchen."

Tim bekommt heiße Ohren und lässt die Geschichte auf den Boden fallen. Was das mit dem bösen König und den komischen Rittern nur soll? Ob Hanna etwa Bescheid weiß? Sie hat den König doch bestimmt nicht zufällig gelb gemacht. Die Prinzessin findet er ja doof. An der Sache mit dem gelben König bleibt er aber hängen, die geht ihm ganz schön unter die Haut. Was, wenn Hanna tatsächlich von seinem Geheimnis weiß? Die reinste Hellseherin ist sie manchmal. Tims Magen fängt an zu drücken, als habe er zu heiße Kartoffeln gegessen.

Dabei hat er doch allen Grund, stolz auf sich zu sein. Immerhin hat er die Mutprobe geschafft. Und die war wirklich sehr schwer! Aber das macht eine Mutprobe ja schließlich aus. Für leichte Sachen braucht man keinen Mut. Und jetzt stellt Hanna mit ihrer Geschichte alles auf den Kopf. Da ist genau der Ritter der mutigste, der nicht macht, was der gelbe König von ihm will.

📖 Wie viele Personen kommen in Hannas Geschichte vor?

Tim steigt aus

Als Tim und Hanna am nächsten Morgen auf den Schulhof kommen, lungern die drei Neons am Eingang herum. »Hey, Tim, hier sind wir!«, ruft Derek und reibt grinsend Zeigefinger und Daumen gegeneinander. »Geld her« bedeutet das, keine Frage.

Hanna schaut Tim besorgt an. Der strafft jedoch den Rücken und geht erhobenen Hauptes weiter – wie ein stolzer Ritter. Hanna tut es ihm gleich und schaut stur nach vorne. Dabei hätte sie sich gerne nach den Neons umgedreht.

In der Klasse pflanzt sich Derek baumhoch neben Tim auf. »Du hast wohl nicht kapiert eben«, raunt er dicht an Tims Ohr. »Ohne Miete keine Aufnahme, klar?«

»Klar ist das klar«, antwortet Tim. »Aber ich gebe dir keine Miete mehr.«

»Ach. Und unser Geheimnis mit dem Schulgarten?«, droht Derek.

»Ist gleich kein Geheimnis mehr«, antwortet Tim cool, obwohl sein Herz rast wie ein Formel-1-Rennwagen. »Ich werde Frau Nestor alles erzählen. Und die Mieten gehen an die Garten-gruppe für neue Pflanzen. An deiner Stelle würde ich das Glei-che tun. Sonst könnte es gefährlich werden. Aber für dich.«

Als Frau Nestor

in die Klasse kommt,

verzieht sich Derek.

Tim geht es schon viel besser.

Allein der Entschluss,

Frau Nestor alles zu sagen,

erleichtert ihn enorm.

Er ist da in etwas
hineingeschlittert
und hat richtig Mist gebaut.
Nun will er da wieder raus.
Und die blöde Mutprobe
wird er wiedergutmachen.
Schließlich ist er nicht feige.

In der Pause spricht Tim mit Frau Nestor. Danach legt er versöhnlich den Arm um Hannas Schulter. Mitten auf dem Schulhof, vor allen Kindern. »Knutsch, knutsch, knutsch«, flapst Annedore. Aber sie meint es nicht böse, und Tim und Hanna lachen mit. Alles fühlt sich wieder gut an. Endlich.

Später begleitet Tim Hanna und ihre Freundinnen in den Schulgarten, um beim Aufräumen der zerstörten Beete zu helfen. Als auch die Neons mit zerknirschten Gesichtern auftauchen, knufft Annedore Hanna in die Seite. Zum Glück hält sie aber die Klappe und sagt nichts Freches zu Derek. Auf neuen Ärger hat sie nämlich keine Lust, und Derek auch nicht.

Als Lilly und Annedore von Hanna wissen wollen, warum Tim und die Neons plötzlich auch in der Gartengruppe mitmachen, spitzt Hanna verschmitzt die Lippen. »Weil der dritte Ritter der mutigste von allen ist«, verrät sie den Mädchen.

»Aha, soso«, antwortet Annedore und versteht überhaupt nichts.

📖 Warum hat Derek es nicht geschafft,
Tim zu erpressen?

Neues Glück und altes Glück

Sechs Wochen später hat Tim Geburtstag. Wegen der ganzen Aufregung in der neuen Schule hat er seine alten Freunde im Dorf fast vergessen. Neulich hat er jedoch lange mit allen telefoniert und sich mit ihnen zu seinem Geburtstag verabredet. Zu Hause bei Moritz, seinem besten Freund von früher.

Es ist ziemlich eng hinten im Auto, weil Alex und Mirko mit von der Partie sind, zwei Jungen aus Tims neuer Klasse. Tim hat sich mit ihnen angefreundet, als der Stress mit den Neons vorbei war. Alex geht auch manchmal mit seinem Vater angeln, draußen vor der Stadt. Da wollte Tim natürlich mit. Und Mirko hat Tim erzählt, dass er gerne mal in einem richtigen See schwimmen würde, nicht immer nur im Schwimmbad. Da kam Tim die Idee, dass man doch beides an seinem Geburtstag machen könnte, alle gemeinsam, die alten und die neuen Freunde zusammen.

Und weil ein Auto für alle Geburtstagsgäste nicht ausreicht – schließlich wollen Hanna und ihre neuen Freundinnen auch mit –, hat sich Mirkos Mutter als zweite Chauffeurin zur Verfügung gestellt.

Im Dorf angekommen,

räumen die Jungen fix

Angeln und Badezeug

aus dem Kofferraum.

Mit großen Schritten

ziehen sie los.

Am Anfang knirscht es

zwischen den Jungs.

Denn jeder will

an Tims Seite sein.

Aber dann verstehen sie sich

ganz gut.

„In den Herbstferien

können wir alle

bei uns zelten",

schlägt Moritz vor.

Noch bevor der erste Fisch

an der Angel hängt,

ist es beschlossene Sache.

Als die Jungen mit drei strammen Barschen auf den Hof von Moritz' Eltern marschieren, haben die Mädchen ein ganz besonderes Geburtstagsessen zubereitet. Es ist sehr grün. »Ratet mal, was das ist«, sagt Annedore, als die Jungen ihre Fische fertig gebraten haben. Tim verrät kein Wort und seine Freunde tippen alle daneben.

»Brennnessel-Spinat«, lüftet Lilly schließlich das Geheimnis, und die Jungs gucken aus der Wäsche, als hätten sie in Seife gebissen. Hanna und Tim grinsen.

»Ist das ein toller Geburtstag!«, freut sich Tims Vater.

»Und eine tolle Welt!«, ruft Hanna und holt tief Luft. »Alle mal zuhören, bitte. Sehr verehrtes Publikum, vor einigen Wochen kam es, dass Prinzessin Maiglöckchen und ihr ganzer Hofstaat in die Stadt umgezogen sind…«

📖 Was unternehmen Tim und seine Freunde an Tims Geburtstag?

Auflösungen

Seite 54: Tim will nicht in die Stadt ziehen, weil er sich dort nicht auskennt.

Seite 58: Tims Hobbys sind Fahrradfahren, Angeln und Computer.

Seite 62: Derek, Xaver und Henning werden »die Neons« genannt, weil sie ihre Fahrräder neongelb angestrichen haben, neongelbe Sturzhelme tragen und weil Derek neongelbe T-Shirts mag.

Seite 66: Die Kinder besuchen den Schlüssel- und Schuhreparatur-Laden von Tims und Hannas Eltern.

Seite 70: Die Neons verlangen Miete für den Treffpunkt, eine Mutprobe und einen Geheimschwur.

Seite 74: Hanna staunt am meisten über Annedore, die sich so gut im Garten auskennt.

Seite 78: Dereks Burger fliegt durch die Luft, weil Annedore Derek angerempelt hat.

Seite 82: Die Mädchen erzählen, dass Derek wahrscheinlich den Schulgarten zertrampelt hat.

Seite 86: Tim und die Neons treffen sich beim Supermarkt, in einem Schuppen hinter den Glascontainern.

Seite 90: Es kommen vier Könige, eine Prinzessin und drei Ritter vor.

Seite 94: Weil Tim eingesehen hat, dass er einen Fehler gemacht hat, und seiner Lehrerin alles erzählt hat.

Seite 98: Sie angeln und schwimmen im See.

Kannst du nacherzählen,
was Tim an seiner
neuen Schule erlebt hat?

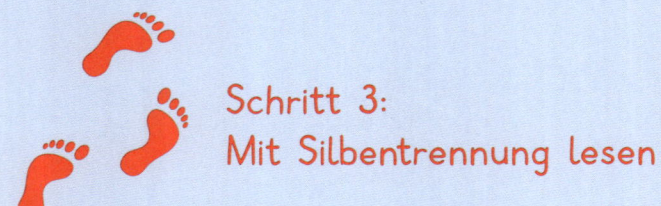

Schritt 3:
Mit Silbentrennung lesen

Liebe Eltern,

um Ihrem Kind das Lesenlernen besonders leicht
zu machen, sind die folgenden Geschichten in
übersichtliche Leseeinheiten mit kurzen Zeilen
unterteilt. Zusätzlich sind die Sprechsilben dunkelblau/
hellblau gedruckt. Diese Markierung hilft dabei, ein
Wort richtig lesen und verstehen zu können. Fragen zu
den Geschichten unterstützen das Textverständnis, und
lustige Bilderrätsel machen Spaß. Damit gelingt das
Lesen spielend.

Sabine Kalwitzki

Ein toller Schulanfang

Erste Schulgeschichten

Mit Bilder- und Leserätseln

Bilder von Mechthild Weiling-Bäcker

Ein großer Tag
für Moritz

Heute ist ein schöner Tag.
Die Schule beginnt.
Endlich!

Moritz setzt den Ranzen auf
und schnappt sich
seine Schultüte.

„Warte auf uns!",
rufen Mama und Papa.
„Nimm uns mit, kleiner Löwe!",
lachen Oma und Opa.

Alle freuen sich mit Moritz.
Schule ist toll!

105

So ein Trubel in der Schule!
Pia ist auch schon da.

Moritz und Pia wollen
in dieselbe Klasse!
Das ist ausgemacht.

Pia hat auch eine Schultüte
mit einem Löwen.
Genau wie Moritz.

Kannst du Pia entdecken?

Frau Mai ruft die Kinder
der 1b auf:
„Anna, Toni, Max, Lisa, Moritz . . .“

Sie sieht nett aus, denkt Moritz.
Hoffentlich kommen
Pia und ich zu Frau Mai!

„Und nun das letzte Kind
für die 1b!", sagt Frau Mai.
„Zu mir kommt bitte . . .!"
„Die Pia!", ruft Moritz laut.
Alle lachen.

Frau Mai sieht auf ihre Liste.
Sie schüttelt den Kopf.
„Eine Pia steht hier nicht!"

Moritz schluckt.

Pia ist nicht in seiner Klasse?

Das ist ja schrecklich!

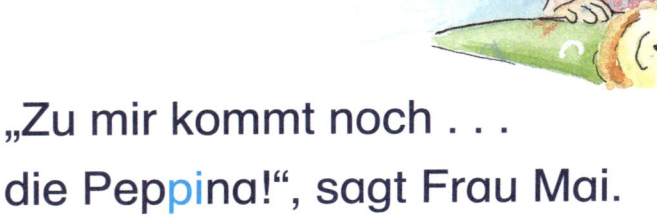

„Zu mir kommt noch . . .

die Peppina!", sagt Frau Mai.

Moritz könnte heulen.

☞ Warum ist Moritz traurig?

Aber was ist das?
Pia steht auf.
Fröhlich gibt sie
Frau Mai die Hand.

Pia grinst Moritz an:
„Pia ist doch bloß
mein Spitzname!
Wusstest du das nicht?"

Jetzt ist Moritz glücklich.
Er sitzt mit Pia an einem Tisch.
Sie packen ihre Schultüten aus
und knabbern ihre Brezeln.

Schule ist toll!

Piraten-Alarm

Auf der Wiese im Pausenhof
steht ein großer Kletterbaum.
Mit einem richtigen
Piraten-Ausguck.
Das ist Moritz' und Pias
Lieblingsplatz.

„Achtung, Billi kommt!",
warnt Moritz auf seinem Ausguck.
„Auweia!", sagt Pia.

„Na, ihr Babys!",
ruft Billi von unten.
„Wo ist denn eure Mami?"
Billi ist so gemein!

„Selber Baby!", ruft Moritz.
„Gib doch nicht so an,
du Gummihosen-Quietscher!",
ruft Pia laut.

Ein paar Kinder lachen.
Billi dreht sich um
und rennt weg.

115

Billi ist wütend.
Er läuft zu Frau Mai.

Dann kommt Billi zurück.
Mit Frau Mai im Schlepptau.
Ach du Schreck!

☞ Was hat Billi der Lehrerin wohl erzählt?

„Was war denn los?"
Frau Mai runzelt die Stirn.

„Die ärgern mich immer!",
behauptet Billi frech.
„Moritz und Pia?",
fragt Frau Mai.
Billi nickt siegessicher.

„Was wolltest du denn
bei den beiden?",
forscht Frau Mai nach
wie eine echte Detektivin.

Moritz und Pia
sind ganz gespannt
auf die Antwort.

„Ich, ich . . .!", stottert Billi.
Frau Mai legt Billi
die Hand auf den Rücken.

„Ärgern ist wirklich gemein!",
sagt sie freundlich.
„Geh einfach dorthin,
wo dich keiner ärgert!"

119

Billi wird rot und zieht
mit seinen Freunden davon.

Moritz und Pia lachen.
Und Frau Mai zwinkert
ihnen fröhlich zu.

Was gehört nicht auf den Pausenhof?

Sternchen

Moritz und Pia
machen Hausaufgaben.
Sie üben die Buchstaben.

Wer schön in die Zeilen schreibt,
bekommt von Frau Mai
ein Sternchen ins Heft.

122

„Tim will auch schreiben!",
sagt Pias kleiner Bruder
und klettert auf ihren Schoß.

„Du bist noch zu klein!",
sagt Pia und streichelt Tim.

Warum kann Tim noch nicht schreiben?

Die Hausaufgaben sind fertig.
„Ich wette, wir bekommen
ein Sternchen!", freut sich Moritz.

Dann laufen sie in den Garten.
Ohne Tim.
Die Hefte lassen sie
auf dem Schreibtisch liegen.

Am nächsten Tag
schaut Frau Mai die Aufgaben an.

Moritz strahlt.
Seine Buchstaben
sehen prima aus.

Aber Pia weint.
Sie zeigt auf ihr Heft.
Tim hat alles verkritzelt.

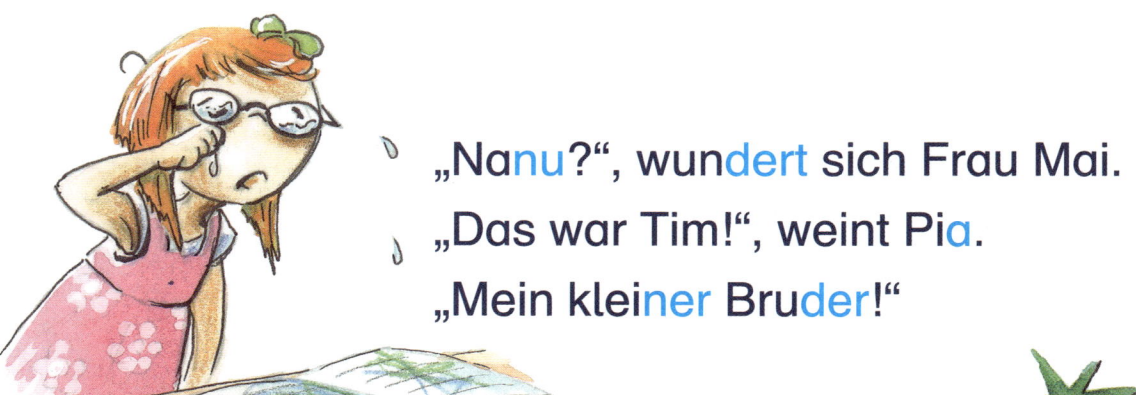

„Nanu?", wundert sich Frau Mai.

„Das war Tim!", weint Pia.

„Mein kleiner Bruder!"

„Ihr wart beide fleißig!",
lobt Frau Mai und malt gleich
zwei Sternchen ins Heft.
„Ein Sternchen ist für dich
und eins für den kleinen Tim."

a a a a c a a a a a a a a a

a a a a a a a a a a a a a a a

d d d d d d d d d d d d d

d d d d d d d d d e d

g g p g g g g g g g g g g g

m m m m h m m m m

i i i i i i i i i i i i i i i i i

n n n n n n n n n n n m

Rote Punkte

Pia ist krank.
Sie hat Fieber
und rote Punkte.

Deshalb kann Pia nicht
zur Schule gehen.
Sie liegt im Bett
und will nur schlafen.

☞ **Welches** Bild passt zur Geschichte?

Jetzt sitzt Moritz in der Schule
ganz alleine am Tisch.
Eine ganze Woche schon!

Und seinen Geburtstag
muss er auch alleine feiern.

Alle Kinder gratulieren Moritz.
Aber Moritz ist traurig.
Er vermisst seine Freundin Pia.

Frau Mai zündet
die Geburtstagskerze an.
Moritz darf sich etwas wünschen.

Die Kinder drücken
ganz fest die Daumen,
damit Moritz' Wunsch
in Erfüllung geht!

Da hat Moritz eine Idee:
„Pia soll bald
wieder gesund werden!",
wünscht er sich.
Schnell bläst er die Kerze aus.

„Viel Glück, lieber Moritz!",
wünscht Frau Mai.

Am Nachmittag klingelt
das Telefon.
Es ist Pia.

„Ich bin wieder gesund!",
sagt sie fröhlich.
„Morgen darf ich wieder
in die Schule!"

Moritz macht einen Luftsprung.
„Das ging aber schnell!",
ruft er ins Telefon.
„Komm gleich zu mir!
Wir feiern Geburtstag!"

☞ Warum ist Moritz wieder froh?

„Schoko-Torte ist viel besser
als Tee mit Zwieback!",
lacht Pia.

„Genau!", sagt Moritz fröhlich.
„Und Schule mit Freunden
ist das Allerbeste!"

Lösungen

Seite 107
Pia findest du hier:

Seite 110
Moritz denkt, dass Pia nicht in seine Klasse kommt.
Deshalb ist er traurig.

Seite 116
Billi erzählt bestimmt,
dass Moritz und Pia ihn geärgert
haben.

Seite 121
Hier siehst du, wer und was nicht
auf den Pausenhof passt:

Seite 123

Tim geht noch nicht zur Schule.

Deshalb kann er noch nicht schreiben.

Seite 127

Hier findest du die sechs Fehler:

Seite 129

Zur Geschichte passt nur
dieses Bild:

Seite 134

Moritz ist froh, dass Pia wieder gesund ist.

URKUNDE

_____

ist jetzt Leseprofi!

Die Geschichten wurden geschrieben und illustriert von:

Julia Boehme ist 1966 in Bremen geboren. Sie studierte Literatur und Musikwissenschaft und arbeitete danach als Redakteurin beim Kinderfernsehen.
Eines Tages fiel ihr ein, dass sie als Kind unbedingt Schriftstellerin werden wollte. Wie konnte sie das bloß vergessen? Auf der Stelle beschloss sie, jetzt nur noch zu schreiben. Seitdem lebt sie mit ihrer Familie in Berlin und tut das, was sie am allerliebsten macht: Sie schreibt Kinderbücher.

Franziska Harvey, 1968 in Frankfurt am Main geboren, studierte in Wiesbaden Illustration und Kalligrafie. Anschließend begann sie, für Agenturen und Verlage zu arbeiten und illustriert inzwischen viele Kinderbücher. Sie lebt mit ihren drei Kindern, Katz und Hund in Frankfurt.

Christina Koenig studierte nach Berufsausbildungen Film und Kommunikation (HDK Berlin/UFF Rio de Janeiro) und leitete u.a. ein prämiertes edukatives Filmprojekt in Brasilien. Seit vielen Jahren schreibt sie nun schon Bücher für Kinder und Jugendliche und formt Engel-Unikate in ihrer Werkstatt. Schreibtisch und Atelier befinden sich heute in der Altstadt von Meißen (www.koenigin-christina.de).

Christian Zimmer wurde 1966 in Nordkirchen geboren. Er studierte Design in München und arbeitet seitdem als Grafiker und Illustrator. Wenn er gerade mal keinen Pinsel in der Hand hat, macht er gern laute Musik.

Sabine Kalwitzki liebte schon als Kind das Geschichtenerfinden. Sie hat in München Germanistik studiert und unterrichtet an einer Grundschule. Für Kinder im Grundschulalter schreibt sie seit Jahren erfolgreich Bücher, die schon in viele Sprachen übersetzt wurden und in vielen Ländern gelesen werden.

Mechthild Weiling-Bäcker studierte an der Fachhochschule für Design in Münster. Seit vielen Jahren arbeitet sie als freie Illustratorin für verschiedene Verlage. Sie lebt mit ihrer Familie in Münster.

Der Bücherbär
1. Klasse

Themengeschichten mit Silbentrennung

Fußballgeschichten
978-3-401-71535-3

Ponygeschichten
978-3-401-71568-1

Monstergeschichten
978-3-401-71650-3

Detektivgeschichten
978-3-401-71651-0

Jeder Band: Ab 6 Jahren • *Themengeschichten mit Silbentrennung* • Durchgehend farbig illustriert • 48 Seiten • Gebunden • Format 17,5 x 24,6 cm

Mit Bücherbärfigur
m Lesebändchen

Große Fibelschrift und Zeilen-
trennung nach Sinneinheiten

Mit Bilder- und
Leserätseln

Einfache Geschichten
mit kurzen Zeilen

Mit Silbentrennung

Viele farbige
Bilder

Innenseite aus *»Erdbeerinchen Erdbeerfee –
Lustige Zaubergeschichten«* ISBN 978-3-401-71360-1

Diese Reihe ist auf die Fähigkeiten von Leseanfängern abgestimmt: Übersichtliche Leseeinheiten und kurze Zeilen sind ideal zum Lesenlernen. Das Hervorheben der Sprechsilben hilft dabei, ein Wort richtig lesen und verstehen zu können.

Empfohlen von *westermann*